OLA WOLDAŃSKA-PŁOCIŃSKA

Pupsende Mikroben und Dinos im Winterschlaf

Das Klima unserer Erde von der Urzeit bis heute

Aus dem Polnischen
von Marlena Breuer

HANSER

Die Originalausgabe erschien 2023 in Polen unter dem Titel *Klimatomierz* bei Publicat S.A.
Die Veröffentlichung wurde unterstützt durch das ©POLAND Translation Program

HANSER hey! Schau vorbei und teile dein Leseglück auf Instagram

1. Auflage 2024

ISBN 978-3-446-27931-5

First published in Poland by Publicat S. A.
Inhaltliche Beratung: Anna Sierpińska,
Wissenschaftsredakteurin und Spezialistin im Bereich Auswirkungen
des Klimawandels auf die Umwelt

Umschlag-Illustrationen und -Lettering: Ola Woldańska-Płocińska
nach einer Idee von formlabor, Hamburg
Satz im Verlag
Druck: Grafisches Centrum Cuno GmbH & Co. KG
Printed in Germany

MIX
Papier | Fördert gute Waldnutzung
FSC® C043106

Inhaltsverzeichnis

TRETEN WIR MAL EINEN SCHRITT ZURÜCK,
Grün ist schön!

UM PLATZ FÜR DIE NATUR ZU SCHAFFEN

WAS IST mit dem WETTER LOS?

Was ist überhaupt der Unterschied zwischen Klima und Wetter? Das ist so: Das Klima hängt davon ab, wo auf der Erde wir uns befinden. Hier bei uns gibt es vier Jahreszeiten, die sich deutlich unterscheiden. Deshalb wissen wir, dass wir in den Sommerferien nicht Skifahren gehen und dass es an Weihnachten vielleicht schneit. Das Wetter hingegen beschreibt das, was sich zu einer bestimmten Zeit über unseren Köpfen abspielt. Zum Wetter gehören Temperatur, Bewölkung, Windstärke und Niederschlagsmenge (Regen, Schnee, Hagel), Gewitter und Wirbelstürme. Wenn wir aus dem Fenster schauen, können wir schnell sagen, wie das Wetter gerade ist. Schwieriger ist es, vorherzusagen, wie es einen Tag, eine Woche oder ein Jahr später sein wird.

Mit dem Klima ist es anders. Um es zu beschreiben, muss man jahrelang das Wetter an einem Ort beobachten. Und all die Beobachtungen aufzeichnen und vergleichen. Das ist eine Aufgabe für Leute mit viel Geduld, aber sehr wichtig. Forschende, die sich mit dem Klima auskennen und Veränderungen vorhersagen können, helfen vielen Menschen. So können wir überlegen, welche Pflanzen wir anbauen oder wie wir eine Stadt planen, damit sie sich nicht zu stark aufheizt oder überschwemmt wird. Veränderungen beim Wetter sind nicht so gefährlich wie die Klimaveränderung. Wenn es von einem Tag auf den anderen um 5 °C kühler wird, passiert uns nichts. Wir ziehen uns einfach wärmer an. Würde sich allerdings das Klima auf der Erde um 5 °C abkühlen, wäre ein großer Teil Europas von Eis bedeckt.

Stell dir vor, du würdest einem Wettrennen zwischen Schnecken zuschauen. Genauso geduldig muss man sein, um das Klima zu erforschen.

Von der SCHNEEKUGEL

Die Erde sah nicht immer so aus wie heute. Im Laufe der Jahrmillionen veränderte sie sich mehrmals. Sie war mal ein heißer Ball, mal eine gefrorene Schneekugel. Und nachdem Wasser und Land entstanden waren, verschoben diese sich hin und her, bis sie die Form angenommen hatten, die wir heute von Karten kennen.
Auch das Klima veränderte sich ständig. Das dauerte aber sehr, sehr lange. Zeitweise war es auf der Erde viel heißer als heute, zeitweise extrem kalt. Vor rund 700 Millionen Jahren war die Erde von einer etwa einen Kilometer dicken Eisschicht bedeckt.

Es regnete und schneite nicht, am Himmel gab es keine Wolken. Die Temperatur lag teilweise bei -50 °C. Trotzdem gab es in der Tiefe des Eises einfcche Formen von Leben. Diese Lebewesen bestanden aus nur einer Zelle. Mit der Zeit verbanden sie sich zu Gruppen, um zu überleben, und wurden größer und vielseitiger.

Irgendwann taute das Eis, auf der Erde wurde es immer wärmer. So entstanden neue Pflanzen und Tiere. Manche waren riesig. Hätten wir zu dieser Zeit gelebt, wären wir im Dickicht auf Spinnen gestoßen, die so groß waren wie ein Hund, oder auf Libellen, so groß wie eine Möwe. Das wäre ziemlich unangenehm gewesen!

Wir wissen doch, dass es zusammen schöner ist.

Klima

FÜR DINOSAURIER

Was das wohl gewesen sein muss vor 230 Millionen Jahren! Hätten die Menschen damals gelebt, hätten sie keine Schiffe und Flugzeuge gebraucht, um die Erde zu bereisen. Man wäre überall auf dem Landweg hingekommen, denn es gab nur einen einzigen Kontinent: Pangäa. Er war so groß, dass niemand ihn zu Fuß hätte durchqueren können.

Aber damals lebten keine Menschen auf der Erde. Dafür gab es Dinosaurier und viele andere Tiere, vor allem Reptilien. Sie brauchten ein viel wärmeres Klima als wir. Das Klima hatte sich damals so erwärmt, dass sogar dort, wo heute das ganze Jahr über Schnee liegt, also an den Polen, Bäume und Gras wuchsen. Jeder, der sich heute dick anziehen muss, bevor er aus dem Haus geht, hätte die Dinosaurier wohl um die tropische Hitze beneidet. Für uns Menschen wäre sie aber gar nicht gut, denn von Anfang an gewöhnte sich der Mensch an niedrigere Temperaturen.
Für die Dinosaurier war die Wärme jedenfalls angenehm. Bis zu dem Tag, als vor 66 Millionen Jahren ein riesiger Meteorit in die Erde einschlug. Es starben zwar nicht alle Tiere sofort, aber er richtete großen Schaden an. Gigantische Mengen Staub gelangten in die Luft, so viel, dass er über mehrere Jahre die Sonne verdeckte. Es wurde dunkel, kalt und trostlos. Viele Pflanzen- und Tierarten starben aus. Die, die überlebten, mussten sich an völlig neue Bedingungen gewöhnen. Eine neue Zeit begann.

Die Erde hat zwei Pole, den Nordpol und den Südpol. Sie befinden sich oben und unten auf dem Globus. Sie sind die kältesten Orte der Welt.

Das war so, wenn an den Polen die Sonne schien. In den Monaten, in denen es dunkel und kalt war, hielten die dort lebenden Dinosaurier eine Art Winterschlaf.

WARM

Wissenschaftlerinnen und Wissenschaftler haben entdeckt, dass sich das Klima in der Vergangenheit erwärmte und wieder abkühlte. In den kälteren Zeiten entstanden Gletscher, Teile der Landmasse wurden von Schnee und Eis bedeckt. Als es wärmer wurde, verkleinerten sich die Gletscher.

KALT

Eine Epoche ist ein sehr langer Zeitraum in der Geschichte der Erde. Hier geht es um das Pleistozän. Das war vor 2,5 Millionen Jahren.

Unter diesen wechselhaften Bedingungen stieg der Wasserspiegel der Meere und fiel wieder. Neue Tier- und Pflanzenarten tauchten auf, andere starben aus. In dieser Epoche lebten auf der Erde schon Menschen. Sie wählten zum Leben verständlicherweise wärmere Orte. Kein Lebewesen will frieren, egal, ob es eine Daunenjacke oder ein Fell hat.
Der Wechsel von Abkühlung und Erwärmung führte dazu, dass die Sonnenstrahlen auf unterschiedliche Weise von den Oberflächen zurückgeworfen wurden. Manche Oberflächen reflektieren nur wenige Sonnenstrahlen, sie nehmen sie auf und erwärmen sich schnell, wie zum Beispiel Asphalt. Wir können das einfach nachprüfen, indem wir uns an einem sonnigen Tag auf die Straße stellen. Dort ist es sehr warm. Oberflächen, die mit Schnee bedeckt sind, reflektieren die Sonnenstrahlen. Deshalb erwärmen sie sich nicht, auf ihnen entsteht Eis. Wenn es auf der Erde also mehr Eis gab, wurde es noch kälter, und wenn es weniger gab, wärmer. Auf diese Weise kamen und gingen die Eiszeiten.

Wissenschaftlerinnen und Wissenschaftler vergleichen, wie sich das Klima im Laufe der Jahrmillionen veränderte. Daher wissen sie, dass aktuell eine neue Eiszeit kommen sollte. Gleichzeitig zeigen die Untersuchungen aber, dass sich die Erde erwärmt. Das heißt, die nächste Eiszeit wird wohl nicht kommen. Das ist aber kein natürlicher Prozess.

Mal Nä

Es gibt noch einen weiteren Grund, warum die Eiszeiten kamen und gingen. Der schottische Forscher James Croll entdeckte ihn Mitte des 19. Jahrhunderts: **Die Eiszeiten haben mit der Position der Erde im All zu tun.** Also damit, dass die Erde mal näher an der Sonne und mal weiter von ihr weg ist.

Der Orbit verändert sich ständig. Orbit bezeichnet den Weg der Erde um die Sonne. Er hat die Form eine Ellipse, also eines flach gedrückten Kreises. Eine Umrundung dauert ein Jahr.

HER, mal WEITER weg

Diese Veränderungen traten nie plötzlich auf. Aber wenn sich die Erde nur ein bisschen von der Sonne entfernte, bildete sich an den Polen Eis. Je stärker sich die Erde abkühlte, desto mehr Eis und Schnee gab es. Also wurden immer weniger Sonnenstrahlen reflektiert und die Erde wurde noch kälter.

Wenn die Erde der Sonne nur ein bisschen näher kam, reichte das schon, dass mehr Sonnenstrahlen reflektiert wurden. Und dann begannen die komplizierten Vorgänge der Klimaerwärmung.

Man weiß, dass sich die Erde in einem bestimmten Rhythmus der Sonne nähert und sich von ihr entfernt. Der Rhythmus ist gleich geblieben, also sollte sich die Erde jetzt langsam abkühlen.

In der Wissenschaft kam man also zu dem Ergebnis, dass die jetzige Erderwärmung nichts mit der Position der Erde zur Sonne zu tun hat. Doch welche Gründe gibt es dann?

ANDENKEN

AUS DER VERGANGENHEIT

Vielleicht scheint es so, als hätten die Eiszeiten und die Erdbahn nichts mit uns zu tun. Warum sollten wir uns mit Dingen befassen, die Millionen Kilometer und Tausende Jahre entfernt sind? Es gibt doch wichtigere Sachen. Zum Beispiel die Frage, warum Nutellabrötchen immer viel schneller aufgegessen sind als Sandwiches mit Salat und warum es weniger Nachtisch als Mittagessen gibt. Doch hätte es nicht irgendwann mal einen Klimawandel gegeben, wären wir jetzt nicht hier und würden nicht über Nachtisch und Sandwiches reden.

Als die letzte Eiszeit zu Ende ging, begann eine der wärmeren Zeiten in der Geschichte der Erde. Der Großteil der Gletscher schmolz, an Land siedelten sich Menschen an. Im warmen Klima war es einfacher, Pflanzen anzubauen und Tiere zu halten. Wir mussten uns immer weniger Sorgen um unsere Ernährung machen. Wir bauten Städte und erfanden verschiedene Dinge. Bekanntlich kann man mit vollem Magen besser denken und arbeiten. Deshalb machte die Menschheit einen großen Fortschritt.

Die letzte Eiszeit hinterließ verschiedene Andenken in der Landschaft. Beim Spazierengehen kann man im Wald oder auf einem Feld manchmal riesige Steine finden. Sie wurden von einem Gletscher dorthin transportiert und nicht, wie man lange dachte, mit Magie. Und der Bodensee kommt daher, dass ein fließender Gletscher eine Vertiefung in der Erde hinterließ, die sich später mit Wasser füllte. **Auch wenn es nicht so aussieht, haben die vergangenen Zeiten einen Einfluss auf unser Leben.**

In der Wissenschaft nennt man sie Findlinge.

NACHRICHT im Eis

So nennt man eine Maschine, mit der man durch die Zeit reisen kann. Eine solche Maschine gibt es noch nicht.

Kann man ohne Zeitmaschine erfahren, wie warm es auf der Erde einmal war? Wahrscheinlich nicht, oder? Und doch ist es möglich, denn Forschende erhalten viele Informationen über die Vergangenheit, indem sie Gletscher, Sedimente vom Meeresgrund, Jahresringe von Bäumen und Korallen im Meer untersuchen. Allerdings ist es nicht so einfach, diese Informationen zu lesen. Man muss Einfallsreichtum beweisen und mühselig Daten vergleichen. Aber Wissenschaftlerinnen und Wissenschaftler sind sehr geduldig.

Daten sind Informationen, die man sammelt und aufschreibt, um sie später zu nutzen. Deine Eltern können beispielsweise aufschreiben, wie viel du wiegst und wie groß du bist, um zu kontrollieren, ob du dich gut entwickelst.

Wissenschaftlerinnen und Wissenschaftler erforschen auch Eisbohrkerne. So nennt man Eissäulen, die mit einem speziellen Bohrer aus einem Gletscher gebohrt werden. 2017 wurden Bohrer gebaut, die drei Kilometer tief bohren können. Damit wurden sehr lange Eisstücke herausgeholt, die man dann in kleinere Teile schnitt, um sie besser untersuchen zu können. Sie werden bei -35 °C in einem Labor aufbewahrt. Das Eis schmilzt dort nicht, aber die Forschenden müssen aufpassen, dass ihnen nicht die Finger abfrieren.

Was verrät das Eis? In den Eisbohrkernen kann man verschiedene Schichten sehen, denn Schnee, der im Winter auf den Gletscher fällt, unterscheidet sich von Schnee, der im Sommer fällt. Neben Luftblasen gibt es im Eis kleine Teilchen wie Vulkanasche (dann ist die Eisschicht dunkler), aus der Wüste angewehten Staub und Pflanzenpollen. Beim Untersuchen der Eisbohrkerne können die Forschenden feststellen, ob es einen Vulkanausbruch oder einen Waldbrand gab. Sie erfahren, wie hoch die Temperaturen zu einer bestimmten Zeit waren, wie viele Niederschläge es gab, woher der Wind wehte und wie groß Wüsten waren.

GIPFEL FORSCHUNG

Gletscher haben Wissenschaftlerinnen und Wissenschaftler schon immer fasziniert. Bereits im 19. Jahrhundert vermuteten sie, dass es einmal Zeiten gegeben haben musste, in denen Europa von Eis bedeckt war. Die Beweise dafür suchten sie auf den höchsten Berggipfeln, in denen das ganze Jahr Frost herrscht. Vielleicht wollten sie auch bloß den legendären Schneemenschen in den Alpen finden.

Wie beispielsweise Versteinerungen, also im Fels bewahrte Reste von Pflanzen und Tieren.

Also die Klimawissenschaft.

Sie suchten nach Spuren, die ihnen etwas über die Geschichte der Erde erzählen würden. Es wurden die ersten Entdeckungen in dem Bereich gemacht, den man heute Klimatologie nennt. Als Beginn der Klimaforschungen kann man das Jahr 1824 bezeichnen, als der französische Mathematiker Jean Baptiste Joseph Fourier den Treibhauseffekt beschrieb.

JOHN TYNDALL

Darüber erfährst du auf den Seiten 38–39 mehr.

Einer der ersten Klimaforscher war John Tyndall. Der irische Naturforscher und Physiker entdeckte, dass die Gase, die die Erde umgeben (wie CO_2 und Methan), sie erwärmen können, weil sie die Wärmestrahlen aufhalten, die unser Planet abgibt. Wenn Tyndall nicht im Büro saß, um Experimente und schwierige Berechnungen durchzuführen, packte er einen Rucksack voller Geräte und wanderte hoch in die Berge, um auf den Gletschern nach Antworten auf seine vielen Fragen zu suchen. Auf seine Wanderungen nahm er einen tragbaren Kocher mit, um zu prüfen, ob Wasser in großer Höhe bei der gleichen Temperatur kocht wie weiter unten. Er verbrachte auch viel Zeit damit, Wolken zu beobachten. Er war sicher, dass die Veränderungen der Gletscher den Klimawandel abbildeten. Bestimmt wäre er nicht glücklich gewesen, wenn er gesehen hätte, wie schnell die Eisdecken heutzutage schmelzen.

BALLONS, BOJEN UND …

Wie wird das Klima heutzutage erforscht? **Durch Beobachtungen und noch mehr Beobachtungen!** Außerdem werden endlos Daten gesammelt und verglichen. Sie sind die Grundlage der Klimaforschung. Vielleicht scheint das kompliziert und nicht besonders interessant. Das stimmt aber nicht.

Heutzutage müssen Forschende nicht mehr wie John Tyndall auf hohe Berge klettern, um Informationen über das Klima zu erhalten. Sie haben Geräte wie beispielsweise Thermometer, Barometer und Windmessgeräte, die auf Wetterstationen an den abgelegensten Orten installiert sind, oder auch Satelliten und Flugzeuge zur Wettererforschung. Zusammen bilden sie ein Netz, mit dem Messungen an allen Orten der Erde durchgeführt werden. Die Daten werden an Forschungszentren geschickt. So können die Forschenden nicht nur die Klimaveränderungen beobachten, sondern auch das Wetter vorhersagen und die Menschen vor Gefahren wie Stürmen, Überschwemmungen und Bränden warnen.

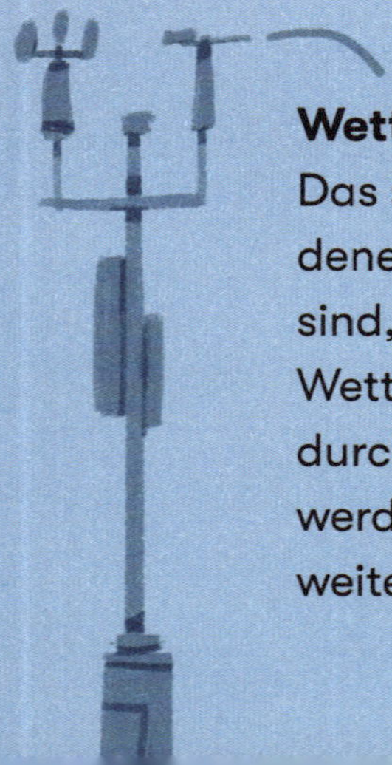

Wetterstationen
Das sind Gebäude, auf denen Geräte installiert sind, die Messungen und Wetterbeobachtungen durchführen. Die Daten werden an Forschungszentren weitergeleitet.

Wettersatelliten
Rings um die Erde kreisen Satelliten wie Motten um eine Lampe. Viele von ihnen liefern uns Daten zum Wetter. Sie sind ständig in Bewegung und messen Bewölkung, Temperatur und Feuchtigkeit. Sie gelangen an Orte, wo nur wenige Menschen leben und wo es keine andere Möglichkeit gibt, Daten zu sammeln, zum Beispiel in der Wüste oder auf Gletschern.

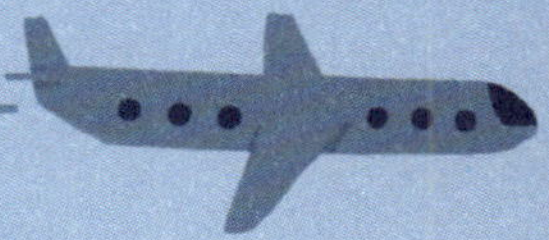

Flugzeuge
Sie sehen wie Satelliten von oben Dinge, die wir von unten nicht erkennen können, beispielsweise die Veränderung der Eismenge an den Polen.

Wetterballons
Sie sehen aus wie Ballons auf der Geburtstagsparty, sind aber viel größer. Sie fliegen in Bereichen, die zu hoch für Flugzeuge, aber zu niedrig für Satelliten sind. Wetterballons sind mit Messgeräten ausgestattet und messen die Höhe der Wolken oder die Windgeschwindigkeit und -richtung.

Forschungsschiffe
Sie gelangen an Orte, an denen man keine Wetterstation bauen kann, und führen Messungen auf dem Meer durch. Sie untersuchen nicht nur die Luft, sondern auch Temperatur, Pegel und Verschmutzung des Wassers.

Wetterbojen
Das sind kleine, bunte Plattformen, die auf dem Wasser schwimmen. Aus der Nähe sehen sie wie Ufos aus. Immer wieder tauchen sie auch automatisch unter. So können wir vom Land aus die Windrichtung und -geschwindigkeit, die Lufttemperatur und -feuchtigkeit und die Wassertemperatur messen.

IM MEER DER IDEEN

– wie Forschende arbeiten

Klimaforschende verhalten sich wie Hausbesitzerinnen und Hausbesitzer mit einem Dachboden voller Gerümpel. **Sie sammeln alles, denn sie wissen ja nicht, wann sie es mal wieder brauchen könnten.** Nur sammeln sie eben keine Sachen, sondern Daten und Beobachtungen von Wetterstationen, aber auch Informationen über Pflanzen und Tiere. Eine unendliche Inspirationsquelle sind Meere und Ozeane, denn sie haben großen Einfluss auf das, was auf dem Land und in der Luft passiert. Oft werden Phänomene erforscht, die man nicht mit bloßem Auge sehen kann, oder Ereignisse, deren Spuren schon lange verschwunden sind.

Damit man nicht im Meer der Ideen ertrinkt und einem vor lauter Informationen nicht der Kopf raucht, braucht es ein Vorgehensschema. Die Forschenden versuchen, Rätsel zu lösen, und überlegen sich mögliche Ergebnisse. Sie beginnen mit wissenschaftlichen Fragen, auf die sie eine Antwort finden wollen.

Also eine Vorgehensweise, die auf festgelegten Regeln beruht.

Diese Antworten heißen Hypothesen. Am Anfang sind die Wissenschaftlerinnen und Wissenschaftler nicht sicher, ob sie richtigliegen, daher tauschen sie sich nur untereinander aus. Um mehr herauszufinden, müssen sie Daten sammeln und Beobachtungen machen. Hier sind die Eisbohrkerne in den Laboratorien und die Daten von den Wetterstationen nützlich.

Die Wissenschaftlerinnen und Wissenschaftler teilen ihre Erkenntnisse miteinander, zum Beispiel schreiben sie Bücher oder veröffentlichen Artikel in Fachzeitschriften. Wenn sie ihre Kolleginnen und Kollegen von einer Idee überzeugen können, nennt man das eine wissenschaftliche Theorie. Das bedeutet, dass sie schon so viele Beweise gesammelt haben, dass die Lösung des Rätsels als wahr gilt. Manchmal kommen die Forschenden aber zu dem Ergebnis, dass sie nicht recht hatten. Dann müssen sie von Neuem anfangen zu suchen.

Das fühlt sich natürlich doof an, auch für Wissenschaftlerinnen und Wissenschaftler.

Aber wenn es ihnen gelingt, sind sie nicht nur sicher, dass sie recht haben, sie können ihre Idee auch anderen Menschen erklären.
In der Forschung zur gegenwärtigen Klimaerwärmung konnte festgestellt werden, dass die Erde tatsächlich wärmer wird, und man fand darüber hinaus auch die Gründe dafür. Dieses Wissen ist sehr wichtig.

SONNEN

Wir unterschätzen die Rolle der Sonne, wenn wir sie nur als Garanten für gutes Urlaubswetter sehen. Denn dieser heiße Stern ist die **wichtigste Energiequelle für die Erde.** Nicht nur Menschen und Tiere nutzen sie, sondern auch die Pflanzen. Die Sonne sendet Strahlen aus, die nach einer mehrere Millionen Kilometer langen Reise die Erde erwärmen.

Darüber erfährst du auf den Seiten 30–31 mehr.

FLECKEN

Auf der Oberfläche der Sonne passiert ständig etwas, aber weil man sie nicht mit bloßem Auge betrachten kann, ist es schwierig, diese Veränderungen zu sehen. Trotzdem entdeckten schon vor 2500 Jahren chinesische Forschende Flecken auf der Sonne, sie erforschten sie während eines Sandsturms, der die Sonne verhüllte. Diese Flecken sind kein Schmutz (wer könnte die Sonne verschmutzen?), sondern weniger aktive Bereiche, die von der Erde aus wie dunkle Flecken aussehen. Seit fast 200 Jahren beobachten und beschreiben wir sie, und so wissen wir, dass es manchmal mehr und manchmal weniger sind. Von ihnen hängt die Temperatur der Sonne ab und wie viel Energie auf die Erde gelangt. Wenn es mehr Flecken gibt, ist die Sonne heißer, und wenn es weniger Flecken gibt, sinkt die Temperatur. Man spricht hier von höherer oder niedrigerer Aktivität.
Momentan sind wir in einer Zeit mit niedrigerer Aktivität, deshalb sollte sich die Erde weniger erwärmen. Doch es ist andersherum, das Klima erwärmt sich, und zwar nicht wegen der Sonnenflecken.

Energie kann man nicht sehen oder berühren, deshalb ist sie schwer zu beschreiben. Energie hat viele Formen. Man kann sie verändern, aber sie lässt sich nicht vernichten oder aus dem Nichts erschaffen.

Energie für uns

Alles Lebendige braucht Energie. Ohne sie kann man nichts erschaffen. Man muss eine Quelle finden, der man Energie entnehmen kann. Diese Quelle ist für alles Lebendige auf der Erde die Sonne. Wenn sie nicht mehr scheinen würde, wäre es schnell aus mit uns. Allerdings können weder Tiere noch Menschen die Energie der Sonne direkt nutzen. Zum Glück können das die Pflanzen.

Sie sammeln einen Teil der Sonnenenergie. Dieser komplizierte Prozess heißt Fotosynthese. Wenn wir Pflanzen essen, nehmen wir diese Energie auf. Wenn wir Fleisch essen, bekommen wir die Energie, die die Tiere von Pflanzen aufgenommen haben. Deshalb können wir atmen, laufen, wachsen und haben Kraft zum Leben. Wenn wir Energie essen, atmen wir CO_2 aus, das dann in die Luft gelangt. So machen es auch die Autos: Sie essen, indem sie Kraftstoff verbrennen. Dann geben sie Abgase an die Luft ab. Einen Teil des CO_2 verwenden die Pflanzen für die Fotosynthese. Wenn aber so viel CO_2 vorhanden ist, dass die Pflanzen es nicht mehr verarbeiten können, erwärmt dieser CO_2-Überschuss das Klima.

Die Pflanzen brauchen dafür Wasser, CO_2 und Sonnenenergie (also Licht).

Leider ist das schon seit vielen Jahren so, **denn die Menschen brauchen sehr viel Energie, um ihre Bedürfnisse zu stillen.** Die Herstellung von Lebensmitteln, das Waschen, Bügeln, Kochen, Heizen und die Warmwasserbereitung, das Autofahren und die Nutzung von Handys und Computern – das sind alles Beispiele, wann wir Energie brauchen. Manche dieser Tätigkeiten, beispielsweise uns zu waschen, sind absolut notwendig, aber es gibt andere, die wir eigentlich nicht brauchen, zum Beispiel mit dem Auto zum Supermarkt zu fahren oder mit dem Flugzeug in den Urlaub zu fliegen. Darauf zu verzichten wäre für das Klima und auch für unsere Gesundheit gut.

UNTERIRDISCHE

Über Millionen Jahre hinweg wurde die Erdoberfläche zu einem riesigen »Speicher«, in dem sich Energiereserven ablagerten. Sie stammen hauptsächlich von abgestorbenen Pflanzen und Tieren. Wenn Riesenfarn, Schachtelhalm und Bärlapp abbrachen, wenn eine Eidechse keine Kraft mehr hatte, Libellen hinterherzujagen, sanken ihre Überreste in den sumpfigen Untergrund wie ein Löffel in einen Pudding. Das war in Zeiten, als auf unserer Erde viel dichter Urwald wuchs. Obenauf bildeten sich neue Schichten, die die darunterliegenden Überreste zusammenpressten. Im Laufe der Zeit wurde durch einen komplizierten Prozess daraus Kohle. Wenn die Überreste auf dem Meeresboden landeten, entstand keine Kohle, sondern Erdöl und Erdgas.

LAGER

Auf diese Weise **schuf die Natur drei Energiequellen: Kohle, Erdöl und Erdgas.** Man nennt sie fossile Energien. Über Millionen Jahre lagen sie unberührt unter der Erde. Erst Ende des 16. Jahrhunderts begannen die Menschen, die oberflächennahen Vorkommen abzubauen. Dann entwickelten sie immer bessere Methoden, die Rohstoffe zu fördern und durch Verbrennung zu nutzen. Aber ist es ein Problem, dass wir das nutzen, was die Natur herstellt? Gefährlich ist leider, dass wir die über Jahrmillionen entstandene Kohle, das Erdöl und Erdgas in sehr kurzer Zeit verbrauchen. Bei dieser Gelegenheit befreien wir eine große Menge bisher unberührten Kohlenstoffs. Das stört das komplizierte System auf der Erde und führt zu unumkehrbaren Veränderungen. Denn es ist nicht möglich, die verbrannte Kohle wieder unter die Erde zu bringen.

»In sehr kurzer Zeit« aus dem Blickwinkel der Erdgeschichte, die schon Jahrmillionen dauert.

Darüber erfährst du auf Seite 49 mehr.

Sphären, Sphären!

Vielleicht haben deine Eltern schon mal versucht, einen kaputten Staubsauger oder Mixer zu reparieren? Angesichts der vielen Teile wussten sie gar nicht, wo sie anfangen sollten. Ähnlich fühlen sich Forschende, wenn sie das Wissen über unseren Planeten ordnen wollen. Die Erde ist ein kompliziertes System, das aus vielen miteinander verbundenen Elementen besteht. Da ist zum Beispiel unsere Umgebung: Pflanzen, Tiere, Wasser, Luft und Erde. Zu diesem System gehören sowohl Staubkörner als auch Fruchtfliegen. **Das ganze System ist in Teile unterteilt, die man Sphären nennt.**

HYDROSPHÄRE

Die **Hydrosphäre** umfasst das Wasser auf der Erdoberfläche (in Meeren, Ozeanen, Flüssen und Seen), unter der Oberfläche und auch den Wasserdampf in der Luft. Der gefrorene Teil der Hydrosphäre wird als **Kryosphäre** bezeichnet. Dazu gehören Eis, Gletscher und Eisschilde.

BIOSPHÄRE

Die **Biosphäre** bilden alle lebendigen Organismen und deren Verhalten, also beispielsweise, wenn Tiere Pflanzen essen oder wenn Samen durch Vögel verteilt werden.

LITHOSPHÄRE

Die **Lithosphäre** ist die äußerste feste Schicht unseres Planeten. Darauf liegt stellenweise noch die Erdschicht, in der Pflanzen wachsen. Sie heißt **Pedosphäre.**

ATMOSPHÄRE

Die **Atmosphäre** sind die Gase, die unseren Planeten umgeben.

Eine Störung in einer einzigen Sphäre kann das ganze System verändern. Das passiert, wenn die Menschen Wälder abholzen. Dann verändert sich die Niederschlagsmenge in einem Gebiet, es erscheinen dort andere Pflanzen- und Tierarten. Wissenschaftlerinnen und Wissenschaftler bemühen sich, die Störungen aufzuspüren und ihre Ursachen zu entdecken. Auch so lässt sich das Klima erforschen.

WIE DIE SCHALE

36

Was wissen wir über die Atmosphäre? **Die Atmosphäre besteht zum Großteil aus einer Gasmischung, die man Luft nennt.** Man kann die Gase nicht sehen, aber untersuchen und messen. Bei klarem Himmel sehen wir über uns den unendlichen Raum. Deshalb scheint es, als sei das eine dicke Schicht. Wenn wir die Erde auf Apfelgröße verkleinern würden, wäre die Atmosphäre aber nur so dünn wie die Schale. Wir wissen, dass sie ausgedehnt ist – immerhin umgibt sie den ganzen Planeten –, aber gleichzeitig sehr dünn und deshalb empfindlich.

Genau das tun die Klimaforschenden.

eines Apfels

Die Atmosphäre hat eine wichtige Eigenschaft: Sie ist ichtdurchlässig. So können die Sonnenstrahlen auf die Erde gelangen und sie aufwärmen. Jede Verschmutzung der Atmosphäre (also der Luft) hat Einfluss auf das Leben hier. Die Folgen einer Verschmutzung können tragisch sein. So starben vor 66 Millionen Jahren die Dinosaurier aus, weil ein Meteorit auf der Erde einschlug. Es wurde viel Staub in die Luft geschleudert, der die Sonnenstrahlen blockierte. Die Lebensbedingungen veränderten sich für Millionen Jahre.

Siehe Seite 11.

UNSICH
GA

Wenn riesige Rauchwolken (zum Beispiel von einem Brand) oder Aschewolken (von einem Vulkanausbruch) in die Luft steigen, ist das nicht zu übersehen. Nicht nur, weil alle Nachrichtenportale im Internet darüber schreiben, sondern auch, weil die graue Verschmutzung weithin sichtbar ist. Aber in der Atmosphäre befinden sich noch viele Bestandteile, die man mit bloßem Auge nicht sieht. **Dazu gehören Wasserdampf, CO_2 und Methan. Sie alle nennen wir Treibhausgase, denn durch sie ist die Erde wärmer, als wenn es sie in der Atmosphäre nicht gäbe.** Die Treibhausgase halten die Strahlen auf, die unser Planet ins Weltall sendet, nachdem er durch die Sonnenstrahlen erwärmt wurde.

Alle Körper (zum Beispiel Planeten oder der menschliche Körper), die nur ein bisschen wärmer sind als -273,15 °C, senden unsichtbare Strahlen aus. Man kann sie mit bestimmten Geräten messen.

TBARE
SE

In der Erdatmosphäre
ist vor allem Wasserdampf,
aber vor ihm brauchen wir keine Angst zu haben.
Die Menge hängt von der Temperatur auf der Erde ab und verändert sich sehr schnell. Wenn es warm ist, steigt Dampf von den Meeren und Ozeanen auf, und wenn es abkühlt, verwandelt sich der Wasserdampf in Regen und kommt auf die Erde zurück. Das ist ein Prozess, den wir nicht steuern können. Wenn die Wissenschaftlerinnen und Wissenschaftler darüber nachdenken, wie sie die Erderwärmung stoppen können, konzentrieren sie sich daher auf die Gründe, auf die der Mensch Einfluss hat.
Zum Beispiel auf das CO_2 in der Atmosphäre. Wir wissen schon, dass die Menge ständig steigt, und das seit etwa 250 Jahren. Durch Satellitenmessungen können wir feststellen, dass vor allem dieses Gas dafür verantwortlich ist, dass die Wärme auf der Erde bleibt. Den Täter haben wir also. Jetzt ist die Frage, was wir mit ihm machen.

Die Erderwärmung ist der Temperaturanstieg auf der Erde, weil sich zu viele Treibhausgase in der Atmosphäre angesammelt haben.

Die Ansammlung von Wärme rund um die Erde nennt man Treibhauseffekt. Das ist keine genaue Bezeichnung, denn die Atmosphäre um die Erde funktioniert anders als ein Gewächshaus (auch Treibhaus genannt). Der Hauptunterschied besteht darin, dass sich die Luft um die Erde bewegt. Unter einem Glasdach steht die Luft still und gelangt nicht nach außen, aber um die Erde herum kreist sie frei. Die Treibhausgase funktionieren also nicht wie eine Glasscheibe, sondern wie eine luftige Decke, die die Sonnenstrahlen durchlässt und die Wärme speichert. Und wenn man mehrere Decken übereinanderlegt, wird es ziemlich warm.

Über ihn erfährst du auf Seite 43 mehr.

Der Treibhauseffekt wurde 1824 von Jean Baptiste Joseph Fourier beschrieben, einem französischen Mathematiker, wobei er dafür einen Begriff verwendete, den man mit heiße Kiste übersetzen könnte. Er knüpfte damit an die Erfindung des Forschers Horace-Bénédict de Saussure an.

Der Treibhauseffekt ist ein natürliches Phänomen, das die Erde so erwärmt, dass man auf ihr leben kann. Gäbe es ihn nicht, würde die Temperatur hier etwa -18 °C betragen, die Erde wäre ganz von Schnee und Eis bedeckt. Weil die Atmosphäre wie eine Decke funktioniert, ist es auf der Erde durchschnittlich 15 °C warm, die Menschen können ruhig leben und sich entwickeln. Leider beobachten Wissenschaftlerinnen und Wissenschaftler seit mehreren Hundert Jahren, dass es immer wärmer wird. Das ist ein beunruhigender Prozess, der den natürlichen Rhythmus der Erde stört – und wir sind daran schuld.

Also ungefähr so wie in einer Gefriertruhe.

Im 18. Jahrhundert hatten Reisende und Forschende einen Solarkocher dabei, um unterwegs kochen zu können. So entdeckten sie zufällig ein interessantes Phänomen.

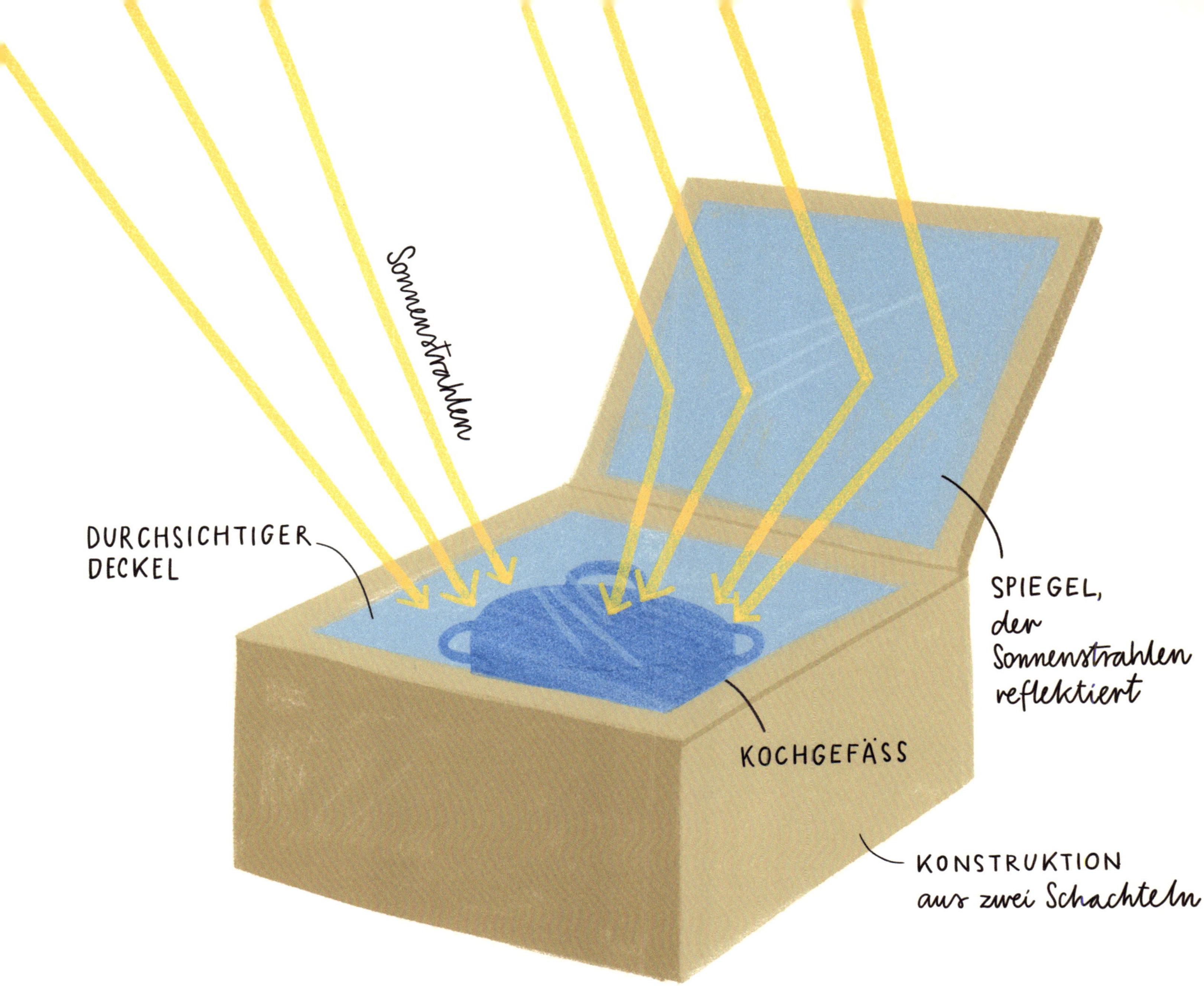

Den ersten solchen Kocher konstruierte 1767 der schweizerische Naturforscher und Bergwanderer Horace-Bénédict de Saussure. Der Gelehrte suchte am liebsten Antworten auf komplizierte Fragen. Beispielsweise auf diese: Warum ist es auf einem Berggipfel kalt und unten auf der Ebene warm? De Saussure maß die Temperatur innerhalb und außerhalb seines selbst gebauten Kochers. Er machte das oben auf einem Berg und unten im Tal. Er bemerkte, dass die Temperatur im Kocher immer ähnlich war, außerhalb aber unterschiedlich. So entdeckte er, dass die Temperatur auf der Erde nicht unmittelbar mit den Sonnenstrahlen zu tun hat (wenn diese in derselben Menge auf die Oberfläche gelangen), sondern mit einer anderen Art Strahlen. Diese Entdeckung interessierte später Fourier. Solarkocher werden immer noch benutzt. Sie haben so lange überdauert, weil sie viele Vorteile haben. Man braucht dafür keinen Strom und keinen Brennstoff, sie verschmutzen die Umwelt nicht (wie beispielsweise Grills und Feuer), sie sind billig, schnell gebaut und einfach zu benutzen. Und man kann sie selbst machen.

Vielleicht brauchst du die Hilfe deiner Eltern.

Ein besseres leben?

Wir haben etwas geschafft, was sogar einem Detektiv schwergefallen wäre: Wir haben den unsichtbaren Verursacher der Erderwärmung gefunden. Wir wissen, dass er ein Gas mit dem Namen Kohlenstoffdioxid (CO_2) ist. **Trotzdem können wir die vom Menschen produzierte Menge an CO_2 nicht so schnell und einfach verringern.**

Also Kohle, Erdöl und Erdgas

Das Problem entstand, als Maschinen erfunden wurden, die mit fossilen Treibstoffen angetrieben werden. Die meisten von uns verwenden sie ziemlich oft, viel öfter als notwendig. Und wir bemerken das gar nicht. Es geht nicht nur um die tägliche Benutzung von Autos, Smartphones oder Computern. Wir brauchen viele Dinge, unter anderem Essen, Kleidung, Medikamente, Bücher oder Spielzeug, und alles wird von Maschinen hergestellt. Damit sie funktionieren, brauchen sie Energie. Auch wenn wir unser Haus heizen oder die Klimaanlage betreiben, brauchen wir Strom, den die Kraftwerke herstellen, indem sie beispielsweise Kohle verbrennen. Wollten wir so leben, dass wir dem Planeten nicht schaden, müssten wir viel verändern. Wir würden beispielsweise nicht durch ein Shoppingcenter bummeln, sondern im Wald spazieren gehen. Neuartige Geräte würden uns helfen, Strom zu sparen. Vielleicht würde jeder von uns nur eine bestimmte Menge Strom pro Tag zugeteilt bekommen und müsste dann gut damit haushalten. Ganz auf unsere Gewohnheiten verzichten zu müssen würde uns sehr schwerfallen. Doch wir sollten uns bemühen, Energie zu sparen, wenn wir sie nicht brauchen. Zum Beispiel das Licht auszumachen, wenn wir das Zimmer verlassen.

Im Kreis

1 Pflanzen nehmen Kohlenstoff (in Form von CO_2) aus der Luft auf und nutzen ihn bei der Fotosynthese, um zum Wachsen wichtige Substanzen herzustellen. Auf diese Weise sammeln sie Energie.

Wie du schon weißt, braucht es dazu auch Wasser und Sonnenlicht.

2 Menschen und Tiere essen die Pflanzen und nehmen daher den in ihnen enthaltenen Kohlenstoff auf.

3 Wir Menschen, und auch die Tiere, nehmen beim Essen den Kohlenstoff auf, der in der Nahrung gespeichert ist. Dann atmen wir CO_2 aus, das die Pflanzen durch die Fotosynthese aus der Luft holen. Dann nehmen wir es wieder mit der Nahrung auf. Das ist ein Kreislauf.

4 Wenn Pflanzen und Tiere sterben, gelangt der Kohlenstoff von ihnen in die Erde. Unter bestimmten Umständen wird er zu fossilem Brennstoff. Das dauert aber mehrere Millionen Jahre.

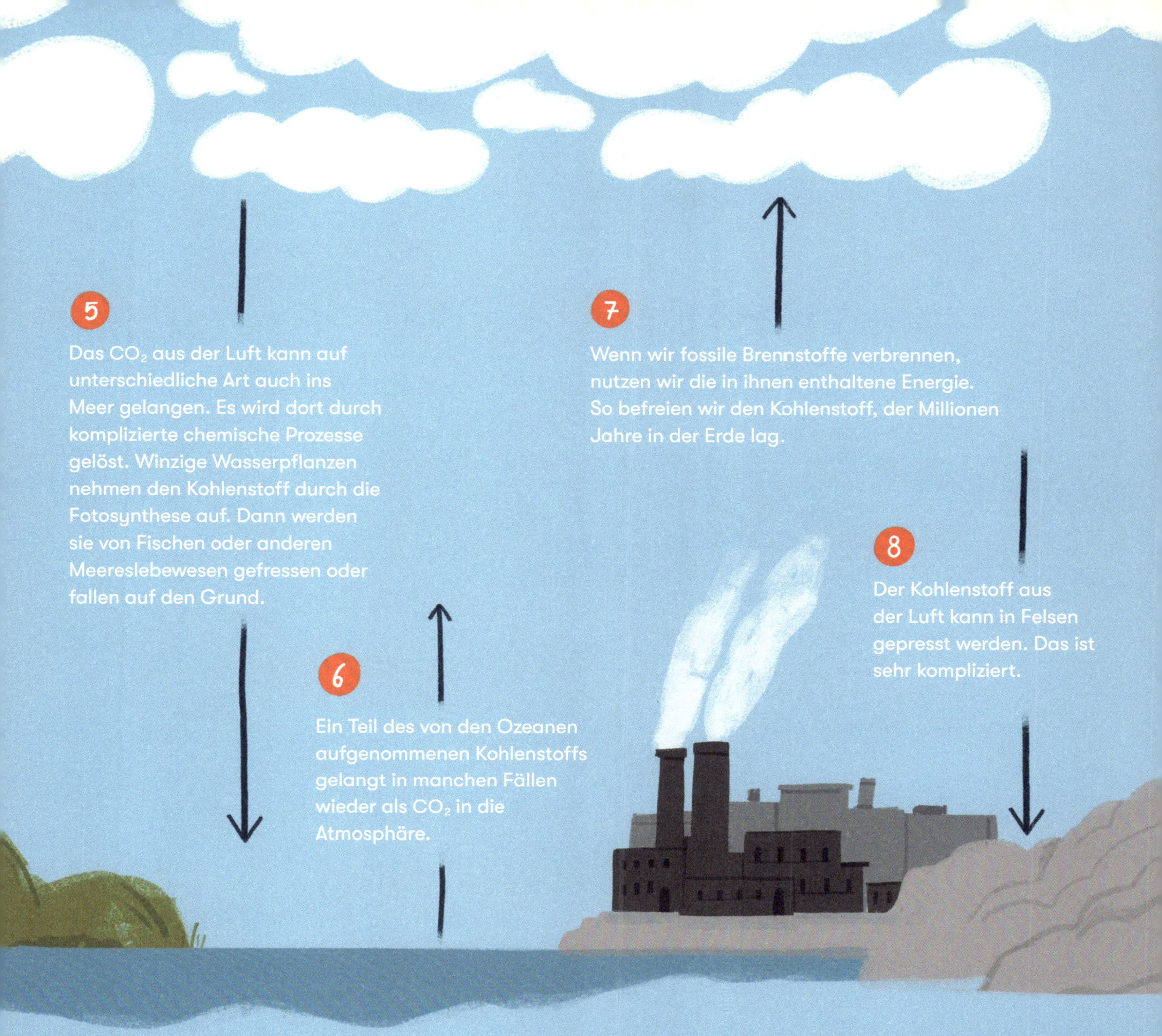

Der Mensch stört den natürlichen Rhythmus der Erde, und das ist ein Problem. Um den Rhythmus zu verstehen, muss man wissen, wie die Kohlenstoffatome in der Natur kreisen. Dieses Kreisen nennen wir Kohlenstoffzyklus. **Kohlenstoff hat drei für uns sehr wichtige Eigenschaften:**

- **Er ist überall.** Das heißt, er findet sich an allen Stellen unseres Planeten: unter der Erde, im Wasser, in der Luft, in Pflanzen und Tieren und auch in uns selbst.
- **Er kreist zwischen verschiedenen Elementen der Umwelt.** Die Natur sorgt dafür, dass es an einem Ort nicht zu viel gibt. Manche Prozesse, die mit dem Kohlenstoff zu tun haben, beispielsweise das Atmen oder das Essen, dauern nicht lange. Andere, beispielsweise das Ansammeln unter der Erde, dauern ewig.
- **Er kann seine Form verändern.** In der Luft kommt er als CO_2 vor, in Pflanzen beispielsweise als Glukose und unter der Erde als Erdöl oder Kohle.

Vor allem, wenn es eine leckere Pizza ist.

Diese natürliche süße Substanz findet sich in unterschiedlichen Dingen, beispielsweise in Früchten.

Kohlenstoff ist nicht gleich Kohlenstoff

Ein Beispiel für eine Situation, in der sich die beiden Gruppen vermischen, ist ein Vulkanausbruch. Darüber erfährst du im nächsten Kapitel mehr.

Der Kohlenstoff in unserer Umgebung wird in zwei Gruppen eingeteilt. Zur ersten zählen wir den Kohlenstoff, der in der Natur kreist. Zur zweiten den Kohlenstoff unter der Erde in Form von fossilen Brennstoffen, die an diesem Kreislauf in der Regel keinen Anteil haben. Solange sich der Kohlenstoff der beiden Gruppen nicht vermischte, herrschte ein Gleichgewicht. Die Natur kontrollierte es. Aber die Menschen förderten und verbrannten die unterirdischen Kohlevorräte, um Energie zu erhalten. Beim Verbrennen wurde CO_2 produziert, das die Erdatmosphäre schnell verschmutzte. Die Pflanzen und die Ozeane können nicht alles aufnehmen. Das CO_2 in der Atmosphäre verstärkt also den Treibhauseffekt. Für die Erde, auf der Veränderungen viele Tausend Jahre dauern, ist die Geschwindigkeit, in der die unterirdischen Lager geleert werden, sehr hoch. So, als würde man eine Wand nicht mit der Walze streichen, sondern die Farbe einfach draufschütten. Die Natur kann diese Situation nicht alleine verbessern. Deshalb ist es so wichtig, dass wir uns bemühen, den Klimawandel zu verlangsamen. Auch kleine Dinge können viel ändern.

Wir wissen also, dass nicht die Sonnenstrahlen oder die Lage der Erde im Weltall für den aktuellen Klimawandel verantwortlich sind. Manche Leute glauben das aber, und jetzt stellen wir uns einmal vor, wir könnten sie überzeugen, dass das nicht so ist. Reicht das? Leider nicht! Wir müssen auch noch die überzeugen, die denken, dass Vulkanausbrüche das Klima erwärmen. Schließlich kann man sie gut sehen: Es gibt Feuer, Rauch und stinkenden Schwefel, es ist gefährlich. Wer einmal einen Vulkanausbruch erlebt hat, weiß das.

Die Vulkanasche bleibt tagelang, bei großen Vulkanen manchmal monatelang in der Luft. Sie verhüllt den Himmel in der Umgebung oder einem ganzen Land mit dunklen Wolken. **Trotzdem ist der Einfluss der Vulkane auf das CO_2 in der Atmosphäre ganz klein.**

Vulkane

Große Ausbrüche sind außerdem sehr selten. Einer fand 1991 statt, als der Pinatubo auf den Philippinen ausbrach. Damals gelangte sehr viel CO_2 in die Atmosphäre. Allerdings produzieren die Menschen auf der ganzen Erde hundertmal so viel davon wie alle Vulkane zusammen. Man kann das mit Bonbons vergleichen. Auf einem Haufen liegen hundert (das ist das von den Menschen produzierte CO_2), daneben nur eins (das CO_2 von den Vulkanen). Vulkane reichen tief in die Erde hinein (also bis zur Kohle, die dort lagert). Wenn es sehr viele Vulkanausbrüche gäbe, die Tausende Jahre dauern, könnte sehr viel CO_2 in die Atmosphäre gelangen. Aber das ist sehr unwahrscheinlich. Zum letzten Mal passierte das in der Zeit der Dinosaurier, bevor die Menschen auf der Erde erschienen.

Mehr passt nicht rein

Stellen wir uns mal vor: Wir versuchen, ein ausgepacktes Spielzeug wieder in die Schachtel zu stecken, in der wir es gekauft haben. Es passt aber nicht mehr hinein. Warum? Weil wir aus Versehen anderes Spielzeug mit eingepackt haben. Wir wollten also mehr in die Schachtel stecken. So ist das mit dem Klima. Die Natur konnte gut mit dem CO_2 umgehen, das in ihren Systemen zirkulierte. Allerdings verbraucht der Mensch die fossilen Brennstoffe zu schnell, das heißt, er fügt »Spielzeug« hinzu, das gar nicht dort hingehört. Durch Messungen wissen wir, dass es zu viel zusätzliches Kohlendioxid in der Atmosphäre gibt.

Und auch nur, wenn sie Wasser und Sonnenlicht haben.

Einen Teil des zusätzlichen Gases in der Luft nehmen Pflanzen auf. Allerdings nur so viel, wie sie für die Fotosynthese benötigen. Unterdessen werden weltweit die Wälder abgeholzt, was die Klimasituation noch weiter verschlimmert. Es hilft auch nicht, dass Menschen Pflanzen anbauen, die dann schnell gegessen werden. Das meiste CO_2 wird von Bäumen absorbiert, die seit Jahrhunderten wachsen, und nicht von Mais oder Weizen, die nur ein paar Monate lang angebaut werden. Leider wird das Problem auch nicht gelöst, wenn wir auf der ganzen Welt Bäume pflanzen. Es dauert nämlich sehr lange, bis daraus ein dichter Wald wächst. Wir müssen also andere Wege finden, um die Klimaprobleme zu lösen. So ist es auch mit den Ozeanen. Auch sie nehmen CO_2 aus der Luft auf, was ihnen bereits schadet. Der Überschuss dieses Gases verändert die Eigenschaften des Wassers, was für die darin lebenden Pflanzen und Tiere gefährlich sein kann. **Die Pflanzen und Ozeane entfernen etwa die Hälfte des vom Menschen produzierten CO_2 aus der Atmosphäre.** Die andere Hälfte bleibt in der Luft und erwärmt das Klima.

uff,

Die globale Erwärmung bewirkt nicht, dass wir das ganze Jahr über auf Liegestühlen liegen können oder dass hier Orangen wachsen. Sie kann jedoch dazu führen, dass die Jahreszeiten, die wir bisher kannten, irgendwann nur noch eine Erinnerung sind. Und dass wir lernen müssen, mit heftigem, unvorhersehbarem Wetter umzugehen.

Inzwischen kommen im Sommer Temperaturen von über 30 °C häufiger vor als vor 50 Jahren. In ein paar Jahrzehnten ist diese Hitze vielleicht normal. Allerdings bedeutet das nicht unbedingt angenehmes Strandwetter. Sehr heiße Luft erschwert das Leben und die Ausübung verschiedener Aktivitäten – sei es der Weg zur Schule, das Kochen oder das Fußballspielen. Auch für ältere und kranke Menschen und für Kleinkinder ist das gefährlich.

echt HEISS!

Darüber erfährst du auf den Seiten 58–59 mehr.

Auch die Landwirtschaft wird unter dem Klimawandel leiden, da der Anbau von **Nutzpflanzen** schwieriger und teurer wird. Hitze führt zu Dürre. Platzregen und Hagel sind aber auch nicht gut. Anstatt den Boden zu bewässern, wie ein stetiger Regen das macht, werden die Stoffe, die die Pflanzen für ihr Wachstum benötigen, weggespült. Zudem führen heftige Regenfälle häufig zu Überschwemmungen. Ältere Menschen erinnern sich noch an Winter, in denen mehrere Monate lang Schnee lag. Der im Dezember gebaute Schneemann stand bis März vor dem Haus, höchstens die Karottennase wurde von Vögeln gefressen. Heutzutage gibt es immer weniger Schnee, und vielleicht schneit es in Deutschland bald fast gar nicht mehr.

Neue
ADRESSE
KALT
WARM

Weil diese Tierart schon jetzt an einem der kältesten Orte der Erde lebt, nämlich der Arktis.

Der Klimawandel wird zu Veränderungen in der Natur führen und viele Menschen, Pflanzen und Tiere dazu zwingen, an andere Orte zu ziehen. **In bestimmten Gebieten verschwinden Arten, aber es werden neue auftauchen.** Manche, wie der Eisbär, werden nirgendwo Zuflucht finden, während andere, wie der Goldschakal, immer mehr Gebiete im wärmer werdenden Europa besiedeln können.

Das Gleiche wird mit der Vegetation passieren. Wir sehen bereits, dass Nadelbäume, die in trockenem und warmem Klima nicht zurechtkommen, von Laubbäumen verdrängt werden. In den Urwäldern, beispielsweise im Amazonasgebiet, wo sich der weltweit größte Regenwald befindet, tauchen neue Pflanzen auf, die resistenter gegen Dürre sind.

Korallenriffe sind mit am stärksten betroffen. Sie bestehen aus den Skeletten kleiner Lebewesen namens Korallen und werden von einer Vielzahl verschiedener Meeresorganismen bewohnt. Sie benötigen flaches, sauberes und warmes (aber nicht zu heißes) Wasser. Es gibt nur wenige gut geeignete Orte auf der Erde, sodass Korallen nicht einfach umziehen können. Im Moment sind sie nur krank, aber sie könnten bald aussterben.

Dabei verlieren sie ihre Farbe.

Gemüse in Gefahr

Manche Menschen denken vielleicht, dass die Klimaprobleme sie nicht betreffen. Leider werden wir sie alle spüren, und zwar in den unerwartetsten Situationen und Lebensbereichen. Zum Beispiel an der Pommesbude. Denn auch Kartoffelbauern werden betroffen sein. Vielleicht wird dieses in Deutschland so beliebte Gemüse, noch bevor ihr erwachsen seid, zu einer schwer zu findenden Delikatesse werden, weil das Klima für seinen Anbau zu trocken und heiß wird. Schon heute bauen einige Landwirte statt Kartoffeln andere Gemüsesorten an, die mit der Hitze besser zurechtkommen, zum Beispiel Mais.
Doch Mais benötigt zum Wachsen viel Wasser. Wenn es immer weniger regnet, könnte sein Anbau problematisch werden. Das Gleiche gilt übrigens auch für das Ketchup auf deinen Pommes, denn Tomaten könnten eines Tages ebenfalls auf der Liste der vom Klimawandel bedrohten Pflanzen stehen!

Auch wenn Kartoffeln irgendwann in einem wärmeren Klima wachsen, kann es sein, dass der Anbau zu teuer wird.

OHNE STROM?

Sonst überhitzen sie

Als Folge der globalen Erwärmung könnten wir auch Probleme mit dem Zugang zu Elektrizität haben, ohne die wir heute schwer auskommen. In Deutschland erzeugen wir Strom vorwiegend mit Kohle und Gas. Die Kraftwerke werden in der Nähe von Flüssen gebaut, da sie Wasser zur Kühlung brauchen. Im Sommer kommt es bei Hitze oft zu Dürre. Dann führen die Flüsse wenig Wasser, und es erwärmt sich schneller. Dadurch wird der Betrieb der Kraftwerke schwieriger oder unmöglich. Das führt zu Unterbrechungen bei der Stromversorgung. Zudem schalten viele Menschen im Sommer die Klimaanlage ein, wodurch mehr Strom benötigt wird. Das sind Probleme, denen wir nicht entkommen werden, denn uns stehen längere und heißere Sommer bevor. Die Lösung müssen andere Energiequellen sein, zum Beispiel Fotovoltaikanlagen, die an sonnigen Tagen Strom erzeugen.

Mehr zur Stromerzeugung erfährst du auf den Seiten 64–67.

Ein bisschen KOMPLIZIERT

Der Klimawandel und das Gleichgewicht in der Natur sowie der Einfluss des Menschen auf die Umwelt sind kompliziert und hängen von vielen Faktoren ab. Deshalb ist es so schwierig, sie in ein paar einfachen Sätzen zu beschreiben. Man kann jedoch auf die wichtigsten Dinge hinweisen, die uns bekannt sind. **Was wissen wir?**

Erstens: Die **globale Erwärmung ist eine Tatsache,** und wir sehen ihre Auswirkungen.

Zweitens: **Die CO_2-Menge in der Atmosphäre nimmt durch menschliche Aktivitäten zu.**

Drittens: **Wir sollten aufhören, fossile Brennstoffe zu verbrauchen,** um den Anstieg des CO_2 in der Luft zu begrenzen. Nur so können wir die ungünstigen Veränderungen in der Natur stoppen. Müll zu trennen und Bäume zu pflanzen ist zwar sehr nützlich, hilft aber nicht, wenn wir die Verbrennung von Kohle, Erdgas und Erdöl nicht einschränken. Dazu müssen wir **nach neuen, sauberen Energiequellen suchen.**

ENERGIE DER ZUKUNFT

Wir wissen, dass die Nutzung fossiler Brennstoffe schädlich für das Klima ist. Trotzdem wollen wir nicht mehr bei Kerzenlicht lesen oder mit der Pferdekutsche fahren. Wie können wir das Problem lösen? Der Ausweg besteht darin, nach anderen Energiequellen zu suchen – solchen, die die Umwelt weniger verschmutzen. **Im Gegensatz zu Kohle, Erdöl und Erdgas sind sie erneuerbar, was bedeutet, dass sie unendlich sind.** Energie aus erneuerbaren Quellen wird oft als grüne Energie bezeichnet, weil sie umweltfreundlicher ist. Viele Wissenschaftler und Ingenieurinnen arbeiten daran, grüne Energie für alle verfügbar zu machen.

ERNEUERBARE ENERGIEN SIND VOR ALLEM:

SONNE

Auf Feldern aufgestellte Solarmodule heißen Fotovoltaik-Freiflächenanlagen.

1

Fotovoltaik-Module zur Energiegewinnung aus Sonnenstrahlen werden immer beliebter. Die dunklen Platten sind häufig auf Hausdächern zu sehen, aber auch auf Straßenlaternen, an Fußgängerüberwegen und auf Feldern. Solche Paneele wandeln Sonnenenergie in Strom um. Es gibt nicht nur Solarkraftwerke zur Stromerzeugung, mit manchen wird auch Wasser erwärmt. Ein Beispiel ist ein Solarturmkraftwerk. Es besteht aus Hunderten Spiegeln, die das Licht in Richtung eines auf einem hohen Turm platzierten Wassertanks reflektieren. Wenn sich das Wasser erwärmt, steigt Dampf auf, der Turbinen zur Stromgewinnung antreibt.

Wind

2

Wind wird seit der Antike als Energiequelle genutzt. Er trieb die Segelschiffe an. Er drehte auch die Arme der Windmühlen, in denen Getreide zu Mehl verarbeitet wurde. Zur Energiegewinnung aus Wind werden heute sehr hohe Windmühlen genutzt, die auf Wiesen und Feldern und teilweise sogar auf dem Wasser stehen. Die Anlagen werden immer besser und können immer mehr Energie erzeugen. Derzeit kann eine Umdrehung des Rotors etwa so viel Strom erzeugen, wie eine Familie an einem Tag verbraucht. Windkraftanlagen sind wie Solarkraftwerke wetterabhängig. Sie erzeugen nur Strom, wenn der Wind weht.

WASSER

3

Auch Wasser kann zur Energiegewinnung genutzt werden. Es treibt Turbinen an. Wasserkraftwerke werden an Flüssen gebaut und nutzen deren natürliche Bewegung, die Strömung. Sie können viele Haushalte mit Strom versorgen. Allerdings müssen für solche Kraftwerke Dämme gebaut werden, wodurch die natürliche Landschaft verändert wird. Turbinen können auch im Meer aufgestellt werden. Dann sind sie nicht sichtbar, da sie sich unter Wasser befinden. Sie beeinträchtigen aber auch dort das Leben von Pflanzen und Tieren.

In Flüssen steht das Wasser niemals still.

4

Biomasse wurde bereits vor Jahrtausenden verwendet, um ein Feuer anzuzünden, und in den letzten Jahrhunderten, um Häuser zu heizen (obwohl man sie damals natürlich noch nicht so nannte). Sie kann aus Teilen von Pflanzen bestehen, zum Beispiel aus Holz und Stroh, oder aus tierischen Exkrementen. Derzeit hören wir oft von Kraftstoffen, die aus der Rapspflanze oder der Ölpalme hergestellt werden. Sie können Erdölkraftstoffe ersetzen. Die Verbrennung von Biomasse ist keine so saubere Methode der Energiegewinnung wie durch Wind oder Sonne, weil dabei CO_2 entsteht.

5

Es gibt viele Orte auf der Welt, wo warmes Wasser aus dem Boden kommt. Also muss man nur in der Nähe ein Kraftwerk bauen, das Strom aus heißem Dampf produziert. So entsteht geothermische Energie. Es ist auch möglich, das heiße Wasser durch Rohre direkt an die Wasserhähne in den Häusern, Büros und Schulen zu verteilen. In Island, einer kalten Insel im Atlantik, stammt ein Großteil der Energie aus Geothermiekraftwerken. Es gibt dort viele Geysire und andere heiße Quellen. Mit dem Wasser werden Gebäude geheizt und sogar vereiste Gehwege aufgetaut.

Geysire sind heiße Quellen, die in regelmäßigen Abständen Fontänen aus heißem Wasser und Dampf ausstoßen.

Obwohl keine der beschriebenen Energiequellen perfekt ist, sollten wir sie nutzen, während wir weitere Lösungen suchen. Wir brauchen sie dringender als Kohlekraftwerke. Darüber hinaus werden die Methoden zur Energiegewinnung aus erneuerbaren Quellen ständig verbessert, um sie kostengünstig, sicher und leicht zugänglich zu machen. So kommen wir einem Leben im Einklang mit der Natur näher.

MIT GAS

Vielleicht überrascht dich das, aber dieser **Traktor** verdient es, als Fahrzeug der Zukunft bezeichnet zu werden. Er wurde 2020 vorgestellt und sieht zwar nicht ungewöhnlich aus, verfügt aber über eine Besonderheit.

Der Traktor wird nicht mit normalem Kraftstoff angetrieben, sondern mit Biomethan. Biomethan wird aus natürlichen Reststoffen hergestellt, beispielsweise aus pflanzlichen und tierischen Abfällen. Um daraus Gas zu gewinnen, braucht es eine Biogasanlage, die die Abfälle zu Kraftstoff verarbeitet. Der Landwirt kann sie auf seinem eigenen Hof bauen. Dann muss er nicht zur Tankstelle fahren. Er kann auch Biomethan verwenden, das ein Nachbar produziert. Auf diese Weise werden landwirtschaftliche Betriebe nicht nur umweltfreundlicher, sondern auch autarker.

Das funktioniert, indem Mikroben die Abfälle zersetzen und mit ihren Pupsen Methan ausscheiden.

Das heißt, sie stellen das, was sie benötigen, selbst her, beispielsweise Kraftstoff.

Zurück zur Natur

Wie können wir die Klimaerwärmung noch stoppen? Eine gute Lösung wäre, der Natur mehr Platz zu geben. Weil wir einen Großteil der Landfläche erschlossen haben, haben wir sie sehr gestört. **Wir brauchen wilde Gebiete für die Natur, damit sie sich wieder frei entfalten kann.** Außerdem müssen wir verhindern, dass so viele Pflanzen- und Tierarten aussterben. Sonst wird sich die Welt bis zur Unkenntlichkeit verändern. Jedes Element in der Natur, ob klein oder groß, ist gleich wichtig. Dies zeigt sich am Beispiel des Insektensterbens, denn ohne Fliegen, Wespen und Bienen würden viele Pflanzen einfach verschwinden. Kein anderes Tier und auch kein Mensch kann diese Insekten bei der Bestäubung, also bei der Übertragung von Pollen, ersetzen. Deshalb sollten wir Wiesen säen, das Gras nicht zu oft mähen, Insektenhotels aufstellen und ökologische Produkte kaufen.

In China versuchten Bauern, Obstbäume von Hand zu bestäuben. Das gelang ihnen aber viel schlechter als den Insekten.

Denn das, was wir essen, ist nicht nur für unseren eigenen Körper wichtig. Wenn wir unsere Ernährung umstellen würden, könnten wir dazu beitragen, die wilden Gebiete der Erde wieder aufzubauen. **Wichtig ist, wie unsere Lebensmittel entstanden sind.** Am besten ist es, wenn wir einen Onkel haben, der Tomaten anbaut, oder einen Nachbarn, bei dem wir Radieschen kaufen können. Wir können auch im Laden nach Bioprodukten schauen. Dann sind wir sicher, dass bei der Herstellung keine umweltschädlichen Mittel verwendet wurden. Denn diese tragen auch zum Aussterben der Insekten bei.

Nur sechs von 100 Tieren leben wild in ihrer natürlichen Umgebung.

Zudem gibt es immer weniger wilde Tiere und dafür immer mehr Nutztiere wie Schweine, Kühe, Ziegen, Schafe und Hühner auf der Welt. Sie brauchen Nahrung, deshalb wird wilden Tieren mehr Land weggenommen, und es werden Wälder abgeholzt. Diese Flächen könnten wir der Natur überlassen oder zurückgeben, wenn wir unseren Fleisch- und Milchkonsum reduzieren würden.

WALDSCHÜTZER

Die Arbeit von Wissenschaftlerinnen und Wissenschaftlern besteht nicht nur darin, verschiedene nützliche Objekte zu erfinden oder verschiedene, teilweise für das bloße Auge unsichtbare Substanzen zu untersuchen. **Viele Forschende, die daran arbeiten, die globale Erwärmung zu stoppen, befassen sich mit dem Umweltschutz.** Sie versuchen, zum Schutz und Erhalt natürlicher Grünflächen – Wälder, Torfmoore und andere wilde Gebiete – beizutragen. Am wertvollsten sind die ältesten Wälder, die ohne menschliches Eingreifen überlebt haben, wie der Amazonas-Regenwald oder der Urwald in den Karpaten in Rumänien. Sie sind natürliche »Kohlenstoffspeicher« und ein Zufluchtsort für viele Pflanzen- und Tierarten. Es ist sehr wichtig, diese Wälder zu pflegen, denn würden sie zerstört, wäre eine einfache und schnelle Wiederherstellung nicht möglich.

Hier ist der Kohlenstoff in den Pflanzen und im Boden gespeichert.

Überall auf der Welt werden neue Wälder gepflanzt. Wissenschaftlerinnen und Wissenschaftler geben Tipps, welche Baumarten für welches Gebiet geeignet sind. Das reicht zwar nicht aus, um das Problem zu lösen, aber es hilft den Wildtieren und auch den Menschen.

In den meisten Ländern der Welt bedeutet Wohlstand in erster Linie, dass man Geld hat und sich verschiedene Dinge kaufen kann. **Reichtum bringt jedoch nicht immer Glück.** Und deshalb haben viele Menschen andere Ziele, als reich zu sein.

Also die Beziehung zu anderen Menschen

Solche Ziele können unter anderem sein, gute soziale Bindungen und Freunde zu haben, ständig etwas Neues oder Interessantes zu lernen, seine Träume zu verwirklichen und viel Freizeit zu haben. Auch eine saubere Umwelt ist wichtig. Wir sollten uns überlegen, ob unsere Welt uns gefällt und ob das, woran wir gewöhnt sind, wirklich das Beste für uns ist. Vielleicht finden wir dann selbst einen Grund, um einen gesellschaftlichen Wandel herbeizuführen, der unser Leben verbessert. Noch vor zwanzig Jahren sahen nur wenige Menschen ein Problem darin, Kohle zu verbrennen, Verpackungen und Plastik zu produzieren oder zu viele Dinge zu kaufen. Heutzutage lernt man schon in der Schule, dass das nicht gut ist. Wir müssen also wachsam sein und offen für Veränderungen, die unser Leben verbessern können. Eine könnte der Klimaschutz sein.

Also eine Veränderung für alle Menschen

Berufe der Zukunft

Wie stellst du dir die Zukunft vor? Vielleicht überlegst du dir das noch gar nicht, weil sie so unsicher ist. Bestimmt wird es neue Dinge geben, die jetzt noch nicht erfunden sind. Es gibt Menschen auf der Welt, sogenannte Visionärinnen und Visionäre, die besser als andere vorhersehen können, was uns erwartet. Auch Wissenschaftlerinnen und Wissenschaftler sagen bevorstehende Ereignisse auf der Grundlage von Daten und Beobachtungen voraus. Eine 2016 veröffentlichte Studie zeigt, dass mehr als die Hälfte der Kinder, die jetzt in der Grundschule sind, in völlig neuen Berufen arbeiten werden. Sie werden keine Bergleute oder Verkäufer, sondern … das können wir uns noch nicht vorstellen.

Aber wir alle können von einer besseren Zukunft träumen – und uns dafür starkmachen!

Sie wurde in Davos in der Schweiz beim Weltwirtschaftsforum präsentiert, das jedes Jahr dort stattfindet.

Im Gegenzug werden viele Aufgaben, die bisher Menschen erledigen, von Robotern übernommen. Vor zehn Jahren gab es noch keine Drohnenpilotinnen oder Lehrer für künstliche Intelligenz, aber jetzt beschäftigen sich Menschen damit. Man spricht zunehmend über die Notwendigkeit, die Auswirkungen des Klimawandels abzumildern. Wir können davon ausgehen, dass viele Berufe, die es noch gar nicht gibt, mit diesem Thema in Zusammenhang stehen werden.

Und was möchtest du mal machen? Vielleicht kann es dir bei der Arbeitssuche gelingen, deine eigenen Träume und gleichzeitig den Klimaschutz zu verwirklichen. Er wird wahrscheinlich, auch wenn du schon erwachsen bist, immer noch wichtig sein.

GUTE DINGE

Für eine einzelne Person ist es nicht einfach, Einfluss auf die Klimapolitik zu nehmen, also darauf, welche Entscheidungen die einzelnen Länder, Städte und Gemeinden zum Klimaschutz treffen. Es liegt nicht an uns, wo und woraus die Energie erzeugt wird. Wir wissen oft nicht, wie und wo unsere Lebensmittel hergestellt werden. Wir haben auch nicht immer Einfluss auf die Abholzung (oder Pflanzung) von Wäldern und die Verschmutzung von Flüssen und Ozeanen.

Es gibt jedoch kleine, aber sehr wichtige Dinge, die wir kontrollieren können. Dadurch tragen wir selbst zur Verbesserung der Klimasituation bei. **Hier sind fünf Dinge, die jeder von uns zum Wohle der Erde tun kann.**

1. Spare Energie

Mach das Licht aus, wenn du es nicht brauchst, und schalte es nicht ein, wenn es draußen noch hell ist. Schalte Geräte aus, wenn du sie nicht verwendest. Verwende energiesparende Geräte und achte trotzdem darauf, sie nicht unnötig laufen zu lassen. Jedes Watt zählt.

Mit dieser Einheit wird der Strom gemessen.

2. Fahr nicht so viel mit dem Auto

Wenn du mit der Straßenbahn, dem Bus und der Bahn fährst und nicht mit dem Auto, reduzierst du Abgase. Bei schönem Wetter kannst du das Fahrrad nehmen oder zu Fuß gehen.

Manche Leute behaupten ja, dass es kein schlechtes Wetter gibt, sondern nur falsche Kleidung.

3. Benutze Dinge so lange wie möglich

Wenn wir nur das kaufen würden, was wir WIRKLICH brauchen, würden wir sehr selten einkaufen. Viele Sachen, die wir ersetzen (zum Beispiel das Smartphone), würden noch lange halten. Es lohnt sich auch, kaputte Dinge zu reparieren, anstatt sie wegzuwerfen. Außerdem kannst du mit Freundinnen und Freunden tauschen, wenn dir ein Spielzeug oder ein Buch langweilig wird.

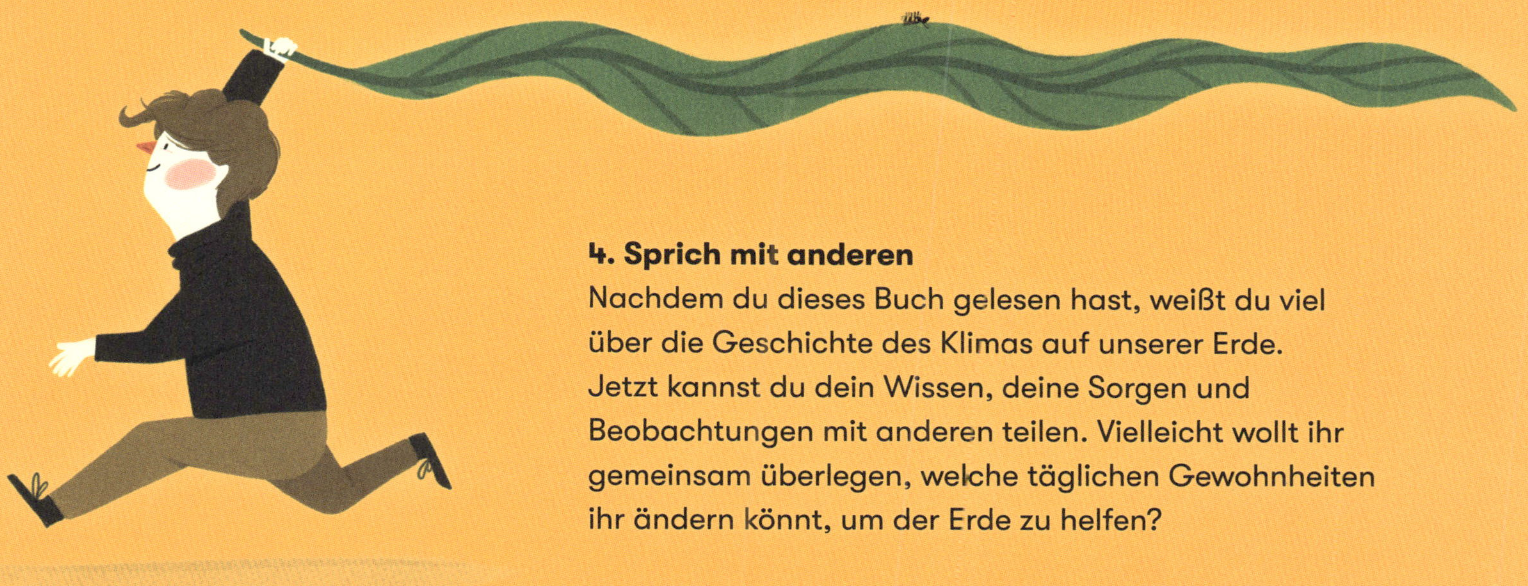

4. Sprich mit anderen

Nachdem du dieses Buch gelesen hast, weißt du viel über die Geschichte des Klimas auf unserer Erde. Jetzt kannst du dein Wissen, deine Sorgen und Beobachtungen mit anderen teilen. Vielleicht wollt ihr gemeinsam überlegen, welche täglichen Gewohnheiten ihr ändern könnt, um der Erde zu helfen?

5. Sorge für ein Stück Wildblumenwiese

Frag mal nach, ob es möglich ist, im Garten, auf dem Schulrasen oder in deiner Nachbarschaft ein Stück Fläche der Natur zu überlassen. Vielleicht wird sie ein Unterschlupf für Insekten und andere Kleintiere. Das Gras sollte nicht gemäht oder mit Pflanzenschutzmitteln gespritzt werden. Das einzig Notwendige ist, dafür zu sorgen, dass andere Menschen das Stück Wildblumenwiese in Ruhe lassen.

OLA WOLDAŃSKA-PŁOCIŃSKA, 1985 geboren, hat Grafikdesign an der Universität der Künste in Posen studiert, wo sie auch lebt und arbeitet. Sie ist Illustratorin, Buchgestalterin und Posterdesignerin und hat bereits mehrere Bücher veröffentlicht. Sie ist Mutter von zwei Söhnen und liebt Meerschweinchen.

MARLENA BREUER, 1985 geboren, machte eine Ausbildung zur Schreinerin und studierte anschließend Slawistik in Tübingen und Warschau. Seit 2015 arbeitet sie als Übersetzerin.